まちごとチャイナ

## Guangdong 007 Kaiping
# 開平（江門）
## 望楼と「華僑の物語」

Asia City Guide Production

## 【白地図】江門市と珠江デルタ

**CHINA**
広東省

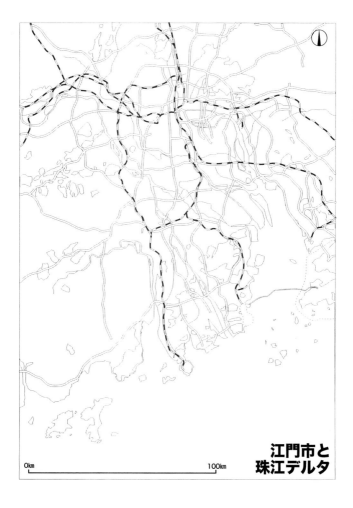

## 【白地図】開平市

**CHINA**
広東省

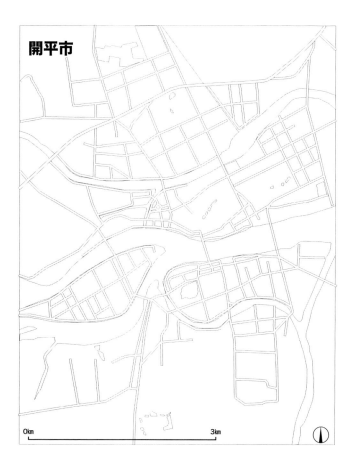

## 【白地図】開平市中心部

**CHINA**
広東省

**【白地図】開平望楼群**

CHINA
広東省

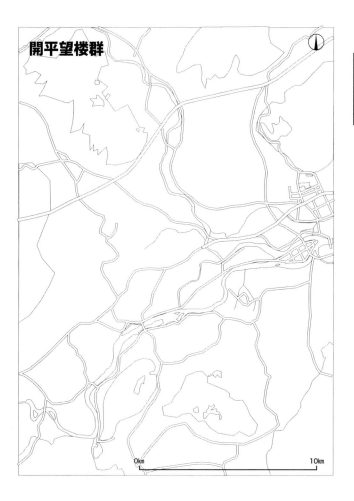

## 【白地図】開平望楼群郊外

**CHINA**
広東省

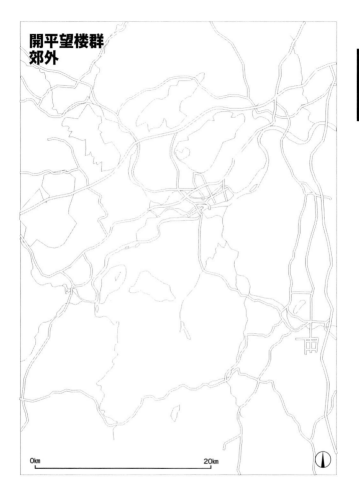

# 開平望楼群
## 郊外

Kaiping 白地図

0km 20km

## 【白地図】自力村

CHINA
広東省

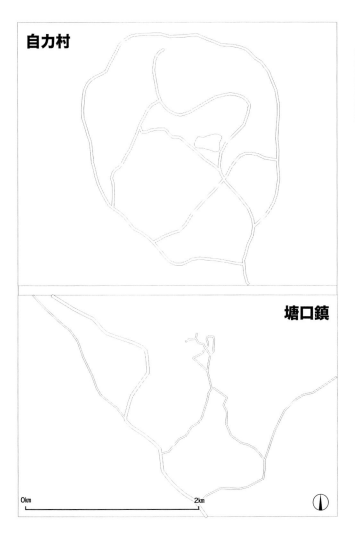

## 【白地図】立園

**CHINA**
広東省

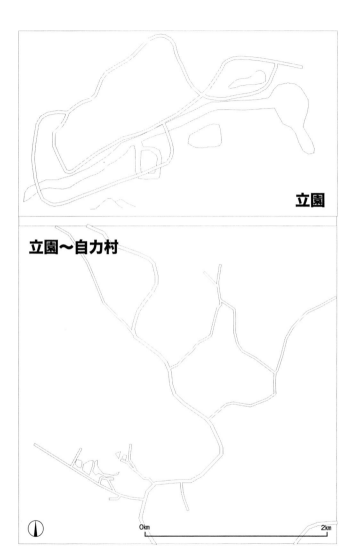

## 【白地図】赤坎近郊

CHINA
広東省

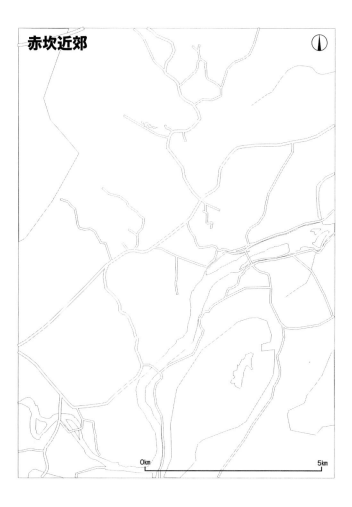

## 【白地図】赤坎古鎮

CHINA
広東省

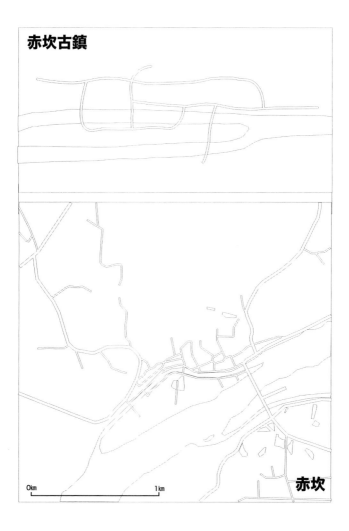

## 【白地図】馬降龍望楼群

**CHINA**
広東省

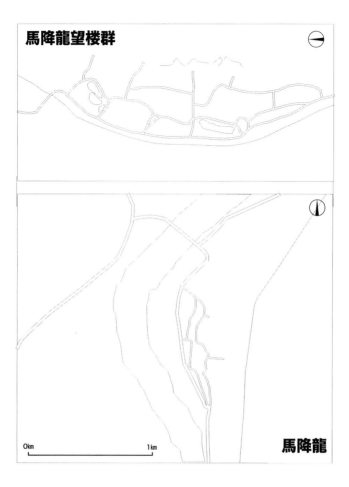

## 【白地図】錦江里望楼群

**CHINA**
広東省

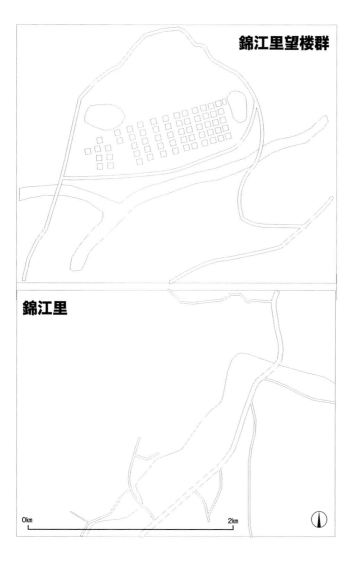

## 【白地図】江門市

**CHINA**
広東省

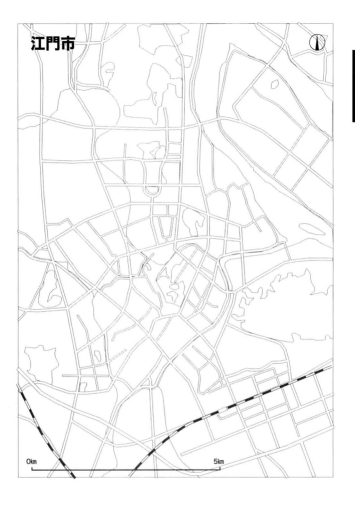

# 江門市

Kaiping 白地図

## 【白地図】新会区

**CHINA**
広東省

**CHINA**
広東省

【まちごとチャイナ】
広東省 001 はじめての広東省
広東省 002 はじめての広州
広東省 003 広州古城
広東省 004 天河と広州郊外
広東省 005 深圳（深セン）
広東省 006 東莞
**広東省 007 開平（江門）**
広東省 008 韶関
広東省 009 はじめての潮汕
広東省 010 潮州
広東省 011 汕頭

西江の支流がいくつも走る珠江デルタ西岸に位置する江門市。ここには四邑として知られる台山、開平、新会、恩平といった街があり、美しい田園が広がるなか、開平には19〜20世紀にかけて建てられた石やレンガによる望楼がいくつもそびえている。

この地域は歴史的に、西江の水害を受け、戦乱（広東人と客家人の械闘をはじめとする）が続く貧しい土地柄として知られてきた。そんななか19世紀になると多くの開平出身者が小船で香港へ行き、そこから蒸気船で太平洋を渡ってアメリ

## 望楼と「華僑の物語」
开平 kāi píng カイピン

# Kai Ping

カ華僑となった。華僑の人々は過酷な条件のなかで働いて金をため、家を建てることで故郷に錦をかざった。

　こうして開平には防衛機能をもつ楼閣がいくつも立ち、家族や一族が集住するようになった（水害や治安の悪さもあって、明清時代から望楼が建てられていた）。これらの望楼は「開平の望楼群と村落」として世界遺産に指定されていて、海を渡った華僑による記念碑的建物となっている。

# 【まちごとチャイナ】

## 広東省 007 開平

---

### 目次

---

開平 ……………………………………………………… xxviii

田園に展開する望楼群 …………………………………… xxxiv

開平城市案内 …………………………………………… xliv

華僑海を渡った人々 ……………………………………… lxxviii

江門城市案内 …………………………………………… lxxxii

望楼を生んだ風土 ………………………………………… xcii

**【MEMO】**

## 【地図】江門市と珠江デルタの [★☆☆]

- [ ] 江門 江门ジャンメン
- [ ] 上川島 上川岛シャンチュアンダオ

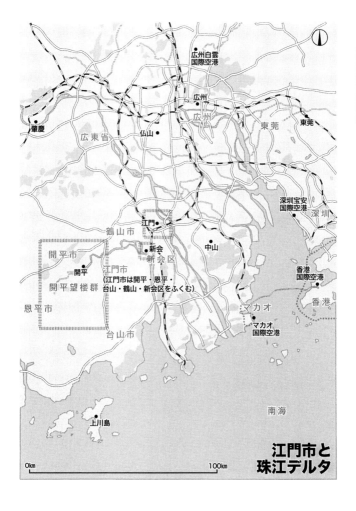

# 田園に展開する望楼群

**CHINA**
広東省

珠江河口部西岸に位置する開平
ここでは箱を積みあげたような独特の建物が見られる
アメリカへ渡った華僑の人々の想いが望楼を生んだ

### 華僑の故郷

開平をはじめとする四邑や隣接する中山市など広州南西の一帯は、中国でもっとも華僑を輩出した土地柄として知られる。相次ぐ戦乱や西江の氾濫といった環境から、多くの人々が海を渡り、20世紀初頭には開平では、住民の半数以上が海外へ出たとも言われる。現在でも開平の人口と同数の人々（開平出身の華僑）が、アメリカなどで暮らしているという。これら華僑の多くは、単純労働や肉体労働に従事したが、なかにはレストランや不動産などで成功した人々もいた。成功した人々の最大の目標だったのが、中国に帰国して、土地を買っ

Kaiping 田園に展開する望楼群

▲左 敵の襲撃を受けたとき、人々は望楼へ逃れた。 ▲右 海外で成功した華僑が故郷に建てたのが望楼

て家を建て、妻をめとることだったという。

### 望楼のはじまり

はじめて開平に望楼ができたのは、16世紀の明代（嘉靖年間）だと言われ、三門里村にはレンガと木材によるもっとも古い迎竜楼が残っている。相次ぐ洪水などの水害、匪賊による略奪をはじめとする治安の悪さなどから、家族や一族を守るために費用を出しあって頑丈な3、4階建ての楼閣が建てられた（鉄製の門、厚い壁、小さな窓と銃眼などの防御機能をもつ頑丈なつくりとなっている）。19世紀になってアメリカで

**CHINA**
広東省

金鉱が発見され、大陸横断鉄道に労働力が必要とされると、開平の人はアメリカへ渡り、欧米式の望楼が見られるようになった。

**西欧風楼閣の誕生**

華僑として海を渡った人々が居住先の建築家に設計図を依頼して、それをもち帰ったことから、望楼には華僑の移住先の建築様式が反映されている。ローマ式アーチ、ゴシック式の尖塔、バロック式の屋根など、アメリカ、フランス、イギリス、ドイツ、イタリア、スペインなどの建築と華南の伝統が融合

▲左 財をなした華僑による立園。 ▲右 華南地方特有の建築様式、騎楼、雨や陽射しをさえぎる

し、さまざまな種類のものが見られる。望楼の素材は石づくりやレンガ、コンクリートのものなどがあり、老朽化も進むが、開平では今でも多くが住宅として利用されている(この地方ではセメントは、「北欧の土」を意味する紅毛土とも呼ばれる)。

## 【地図】開平市

CHINA
広東省

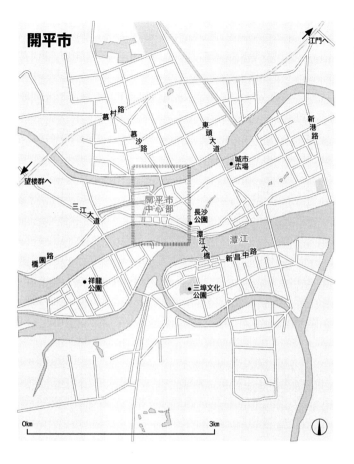

## 【地図】開平市中心部

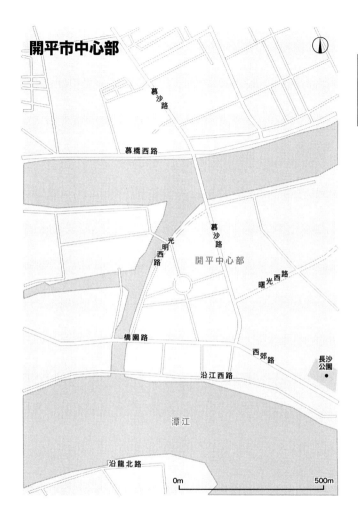

**【MEMO】**

CHINA
広東省

# Guide, Kai Ping
# 開平
# 城市案内

CHINA
広東省

奇怪な望楼群が立ちならぶ開平の集落
塘口鎮、赤坎鎮、百合鎮を中心に1800以上の望楼が残り
それらは世界遺産に指定されている

### 四邑のひとつ開平

西江下流に位置する江門市は、低地のために水害が多く、とくに江門市に属する台山、開平、新会、恩平の四邑は珠江デルタのなかでも貧しい土地柄として知られてきた。珠江の土砂が運んだデルタ地帯に暮らすこれらの人々は、四邑人（セヤ人）としてひとくくりにされ、ひとつのまとまった集団だと見られている（もともと暮らす四邑人に加え、清朝時代に政策として沿岸部に移住させた客家の人々も暮らし、農民が少なく、商人が多いといった特徴があった）。珠江デルタの東岸とは言葉や文化で異なった特徴をもち、これまで四邑人

▲左　開平の街、望楼めぐりの起点となる。　▲右　のどかな田園地帯に突如現れる

は香港や海外に多く進出してきた。1950年以前に海を渡ったアメリカ華僑の多くが広東省南部沿海地方の出身で、なかでも四邑人がとくに多かったという。

**塘口鎮** 塘口镇 táng kǒu zhèn タンコウチェン［★★☆］
開平でもっとも多い536の望楼が残る塘口鎮。開平の村落の代表的な存在として知られる自力村はじめ、テーマパークのような私邸の立園、宝樹楼、世界遺産のひとつ方氏灯楼などが見られる。

## 【地図】開平望楼群

### 【地図】開平望楼群の［★★★］
- [ ] 自力村 自力村ツゥリィチュン

### 【地図】開平望楼群の［★★☆］
- [ ] 塘口鎮 塘口镇タンコウチェン
- [ ] 立園 立园リィユェン
- [ ] 赤坎鎮 赤坎镇チィカンチェン
- [ ] 赤坎古鎮 赤坎古镇チィカングゥチェン
- [ ] 馬降龍望楼群 马降龙碉楼群 マァシャンロンデャオロウチュン
- [ ] 錦江里望楼群 锦江里碉楼群 ジンジャンリィデャオロウチュン

### 【地図】開平望楼群の［★☆☆］
- [ ] 百合鎮 百合镇バイハァチェン
- [ ] 蜆岡鎮 蚬冈镇シャンガンチェン

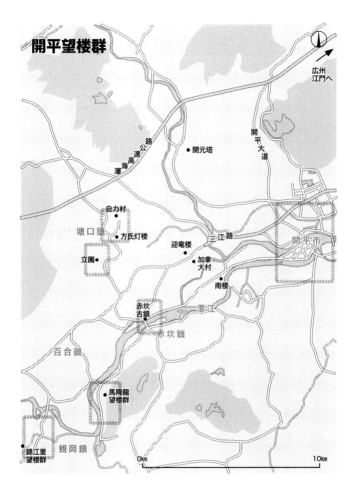

## 【地図】開平望楼群郊外

### 【地図】開平望楼群郊外の [★★★]
- [ ] 自力村 自力村ツゥリィチュン

### 【地図】開平望楼群郊外の [★★☆]
- [ ] 塘口鎮 塘口镇タンコウチェン
- [ ] 立園 立园リィユェン
- [ ] 赤坎古鎮 赤坎古镇チィカングゥチェン
- [ ] 馬降龍望楼群 马降龙碉楼群 マァシャンロンデャオロウチュン
- [ ] 錦江里望楼群 锦江里碉楼群 ジンジャンリィデャオロウチュン

### 【地図】開平望楼群郊外の [★☆☆]
- [ ] 百合鎮 百合镇バイハァチェン
- [ ] 蜆岡鎮 蚬冈镇シャンガンチェン

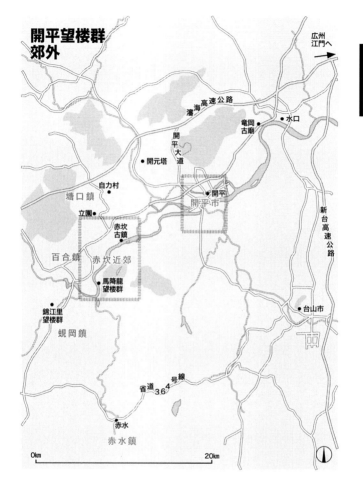

広東省

**自力村** 自力村 zì lì cūn ツゥリィチュン ［★★★］

開平に点在する集落のなかでも、保存状態のよい望楼群が残る塘口鎮の自力村。菜の花が咲く美しい田園地帯に6階建て、高さ19mの銘石楼はじめ15座の望楼が立つ。これらの望楼は、略奪を行なう匪賊から一族を守るため、方潤文などによって1920〜30年に建てられ、アメリカやカナダで成功した方氏の一族が集住している。村が桃のようなかたちをしていることから、昔は「美桃村」と呼ばれていたが、1960年代、ソ連から中国への援助が停止されたときに唱えられた「自力更生、奮発図強（自ら困難を克服し、発奮して強化しよう）」

▲左　自力村の望楼、独特のたたずまいを見せる。　▲右　自力村では郷土料理が食べられる

というスローガンにちなんで自力村と呼ばれるようになった。

### 望楼の種類

開平には最盛期には3000以上の望楼が見られたと言われ、現在でも1800ほどの望楼が残る。これらの望楼は大きく衆楼、居楼、更楼（灯楼）の3つにわけられる。衆楼はある村や数件の家がお金を出しあって建てたもので、建物内部にはそれぞれの家族が避難できる部屋がある。居楼は比較的裕福な家が建てたもので、美しい外観をもち、内部には生活に必

# 【地図】自力村の ［★★★］
- [ ] 自力村 自力村ツゥリィチュン

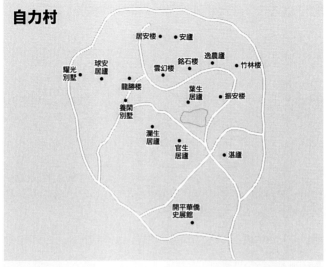

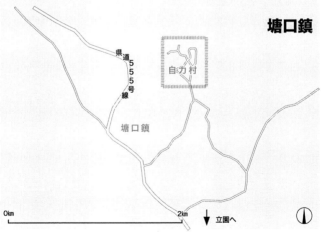

**CHINA**
広東省

▲左　テーマパークのようなおもむきの立園。　▲右　田園地帯のなか寄り添うように立つ

要な調度品が備えられている。3番目の更楼は村の外や丘のうえなどに建てられ、略奪を行なう匪賊を監視する警備の役割をもち、ここから警報が鳴らされた。

【MEMO】

**【地図】立園**

## 【地図】立園の ［★★☆］
□　立園 立园 li yuán リィユェン

**CHINA**
広東省

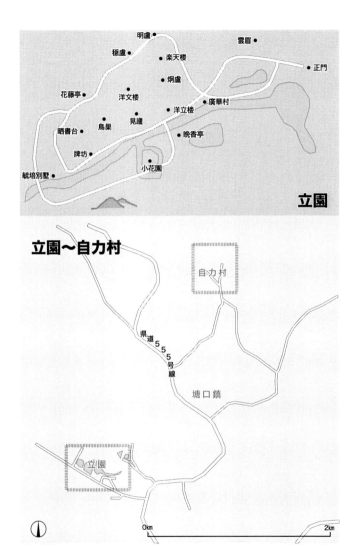

**【MEMO】**

**CHINA**
広東省

▲左　鳥巣、ヨーロッパ風の様式をもつ。　▲右　堂々とした立園の正門、入ってすぐ博物館がある

## 立園 立园 lì yuán リィユェン ［★★☆］

自力村の南西に位置する立園は、1936年、謝維立によって造営された私園で、広大な土地に建物が点在している。開平出身の謝維立は海を渡ってアメリカで財を蓄え、その後、香港で貿易会社を設立して莫大な富を築いた。この立園の敷地内には、華僑の歴史を紹介した博物館はじめ、西欧と中国の双方の建築要素をとり入れた建築、イタリア風の建築が見られ、テーマパークのような趣きをしている。

## 【地図】赤坎近郊

### 【地図】赤坎近郊の [★★★]
- [ ] 自力村 自力村ツゥリィチュン

### 【地図】赤坎近郊の [★★☆]
- [ ] 立園 立园リィユェン
- [ ] 赤坎鎮 赤坎镇チィカンチェン
- [ ] 赤坎古鎮 赤坎古镇チィカングゥチェン
- [ ] 馬降龍望楼群 马降龙碉楼群 マァシャンロンデャオロウチュン

### 【地図】赤坎近郊の [★☆☆]
- [ ] 蜆岡鎮 蚬冈镇シャンガンチェン

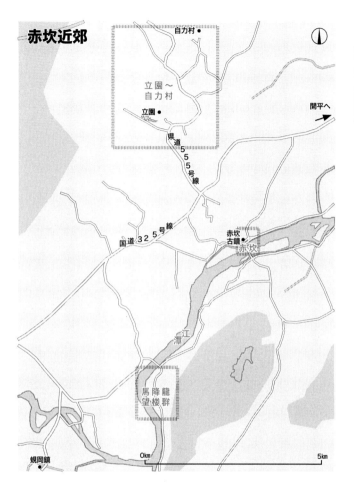

## 【地図】赤坎古鎮

### 【地図】赤坎古鎮の [★★☆]
- ☐ 赤坎鎮 赤坎鎮チィカンチェン
- ☐ 赤坎古鎮 赤坎古鎮チィカングゥチェン

### 【地図】赤坎古鎮の [★☆☆]
- ☐ 騎楼 骑楼チィロウ

# 赤坎古鎮

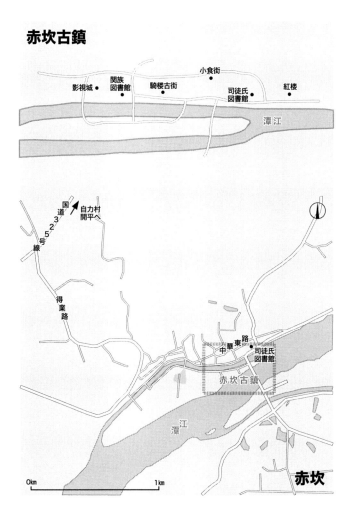

広東省

### 赤坎鎮 赤坎镇 chì kǎn zhèn チィカンチェン ［★★☆］

開平市街から国道を西に進んだところに位置する赤坎鎮。明代に創建されたもっとも歴史ある迎竜楼、その向かいにカナダへ渡った華僑による加拿大村、また日本軍による攻撃跡が残る南楼、騎楼の美しい街並みをもつ赤坎古鎮など200の望楼が残っている。

▲左　望楼内部、調度品が飾られている。　▲右　赤坎古鎮、騎楼と呼ばれるアーケードをもつ

### 赤坎古鎮 赤坎古镇
**chì kǎn gǔ zhèn チィカングゥチェン**［★★☆］

潭江のほとりに広がる赤坎古鎮。清代以来の伝統をもつ街は美しいたたずまいを見せ、騎楼と呼ばれる中国南方の建築様式が続く。また赤坎古鎮には関氏と司徒氏というふたつの一族がそれぞれ建てた図書館が残っているほか、映画やテレビの撮影に使われる電視城も位置する（それほど大きな規模ではないにもかかわらず、図書館がふたつある）。

▲左 騎楼の柱が看板替わりになっている。　▲右 「髪」という漢字（繁体字）が見える、簡体字では「发」

**騎楼** 骑楼 qí lóu チィロウ ［★☆☆］

騎楼は建物の1階部分を歩道にして、そのうえに建物が覆いかぶさるような建築をさす。夏の陽射しが強く、雨のよく降る華南の気候に適した様式として知られ、とくに20世紀初頭から海外で成功した華僑によって広東省や福建省などで建てられた。赤坎の商店街では騎楼1階部分の柱に店名などがかかげられている。

**百合鎮** 百合镇 bǎi hé zhèn バイハァチェン ［★☆☆］

自力村のある塘口鎮から西南に位置する百合鎮。馬降龍はじ

# 【MEMO】

## 【地図】馬降龍望楼群の [★★☆]

- 馬降龍望楼群 马降龙碉楼群

  マァシャンロンデャオロウチュン

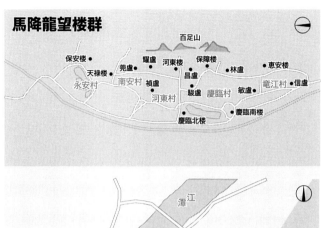

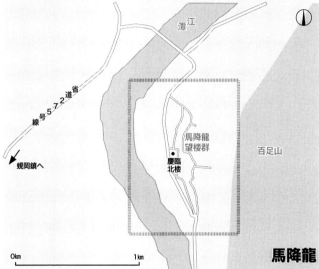

広東省

め、385の望楼が残る。

**馬降龍望楼群** 马降龙碉楼群 mǎ xiáng lóng diāo lóu qún
マァシャンロンデャオロウチュン [★★☆]

潭江にのぞみ、百足山を背後にもつ馬降龍望楼群。この馬降竜村は永安、南安、河東、慶臨、龍江という5つの村からなり、開平でもっとも美しい村落とたたえられる。ここには7棟の望楼、8棟の邸宅が残り、なかでも永安村にある天禄楼が知られる。

▲左　慶臨村の入口に立つ看板。　▲右　馬降龍望楼群は複数の村をまたいで展開する

### 匪賊から男子を守る

馬降龍から数km離れた山中には、かつて匪賊の隠れ家があり、あたりの村々を襲って、村人を拉致し、身代金を要求することがあったという。そのため村民は、お金を出しあうことで強固な天禄楼を建て、代金を負担した家々に1階～5階までの29の部屋をひとつずつわけあたえた。とくに家系を重視する中国では、家を継ぐ男子が匪賊に誘拐されることを恐れ、家系を継ぐ男子は夕食をとったあと、天禄楼にのぼり、寝泊まりすることがあったという（アメリカで成功した華僑は故郷で誘拐され、身代金をとられることも多かった。女性の寝

広東省

泊まりは禁止されたという)。

**蚬岡鎮** 蚬冈镇 xiǎn gāng zhèn シャンガンチェン ［★☆☆］
百合鎮の南西に位置する蚬岡鎮。錦江里望楼群はじめ、ななめに傾いた状態で立つ斜塔や、ロボットにその姿が似ていることからロボット楼の愛称で知られる中堅楼など155の望楼が残る。

▲左　百足山の麓に広がる美しい集落。　▲右　馬降龍の売店、土産物もおいてある

## 錦江里望楼群 锦江里碉楼群 jǐn jiāng lǐ diāo lóu qún
ジンジャンリィデャオロウチュン［★★☆］

錦江河のほとりにたたずむ錦江里望楼群。密集して立ちならぶ民家の隙間に細い路地が走り、その北側に3棟の望楼がそびえる。もっとも西がアメリカ華僑の黄氏による7階建ての昇峰楼、真んなかが村民がお金を出しあって建てた5階建ての錦江楼、東が「開平第一望楼」とたたえられる9階建ての瑞石楼となっている。

# 【地図】錦江里望楼群の [★★☆]

- [ ] 錦江里望楼群 锦江里碉楼群

    ジンジャンリィデャオロウチュン

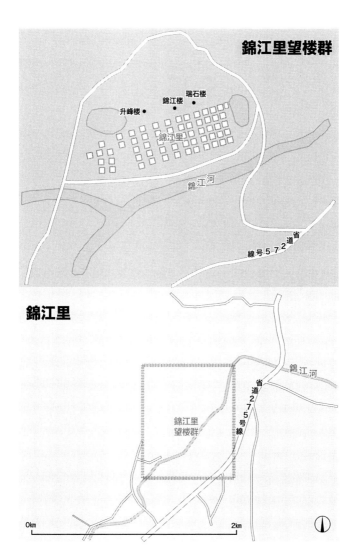

CHINA
広東省

▲左 堂々とした姿を見せる瑞石楼。 ▲右 望楼内部には一族共通の祠堂がおかれている

## 瑞石楼 瑞石楼 ruì shí lóu ルイシィロウ ［★★☆］

高さ29.8mの瑞石楼では、ローマ式アーチやバロック調の切妻屋根など西欧の建築様式が見られ、なかには先祖の位牌、9階には展望台を備えている。この瑞石楼が9階建てなのは極数9にちなみ、広州六榕寺の僧侶の提案によるものだという。玄関には「瑞石祥雲弥宇宙、石麟金鳳到門庭（めでたき陽光と雲が宇宙に満ち、石の麒麟と金の鳳凰がこの門庭にいたる）」と楼閣の由来になった文言が見える。

# 華僑海を渡った人々

CHINA
広東省

数多くの華僑を生んだ四邑
海外でも中国人としてのアイデンティティを失うことなく
世界中のチャイナタウンで広東語が使われている

### 海水到るところに華僑あり

華僑は中国からアメリカやヨーロッパ、東南アジア、日本など世界各地に進出した人々を指し、世界中でチャイナタウンをつくっている。これら中国人の進出は10世紀の宋代からはじまり、明代の16世紀後半、またとくに19世紀なかごろから多くの華僑が海を渡った。中国人の原籍地は、世界への窓口であった中国東南沿岸地帯の広東省や福建省の人々が多く、広東人は農業や鉱山などの肉体労働者、福建人は貿易、潮州人（広東省東部）は食料品の輸出入、海南人は家事の使用人や喫茶の経営というような特徴があった。言葉の通じる

Kaiping 華僑海を渡った人々

同郷者が集住してネットワークをつくり、華僑のなかで現地で成功したものは、一族を呼び寄せられるなど血縁関係が重視された。

**ゴールドラッシュ**

1848年にアメリカ西海岸のカリフォルニアで金鉱が発見されると、一攫千金を夢見た人々による「ゴールドラッシュ」がはじまった（カリフォルニアは金山と呼ばれた）。中国華南では戦乱が相次いだことや、イギリス植民地の香港に近かったことから、とくに新会、開平、恩平、台山の四邑の

**CHINA**
広東省

人々の多くが華僑として太平洋を渡り、1850〜59年のあいだ広東省からカリフォルニアへの移民は7万人にもなったという。こうしたなか四邑で農業経験のある華僑が、農家としてアメリカの領土になって間もないカリフォルニアを開拓することになった。

### 大陸横断鉄道の担い手

19世紀のアメリカでは南北戦争の過程で、黒人の奴隷貿易が廃止されたことを受けて、その代替となる労働者の需要が高まった。とくにアメリカ東海岸と西海岸を結ぶ大陸横断鉄

▲左　自力村で見た働く人々。　▲右　南国の雰囲気をした開平の街の様子

道の建設に多くの中国人労働者がたずさわった。鉄道を敷設しながら、1日に2～8kmくらい中国人労働者は移動し、とくにシエラネヴァダ山脈のドナー峠越えの難工事では多くの生命が失われた（パワードリルや爆薬を使って工事は進み、1885年に大西洋と太平洋がつながった）。奴隷のように過酷な条件で働かされたことから、これらの労働者は苦力（クーリー）と呼ばれ、契約移民を扱う貿易は「豚の子」を意味する豬仔貿易と呼ばれた。

# Guide, Jiang Men
# 江門城市案内

CHINA
広東省

広州から南西に位置する江門市
珠江へ注ぐ西江の支流が何本も流れ
珠江デルタの西側を構成する

**江門** 江门 jiāng mén ジャンメン ［★☆☆］

蓬江、江海、新会の区ほか、台山、開平などの県級市をふくみ、多くの華僑を輩出してきた土地柄で知られる江門市（江門という名前はこの地を流れる西江の南の烟墩山と北の蓬莱山が門のようにならぶところからつけられた）。元末明初ごろから街は発展をはじめ、とくに20世紀初頭に税関がおかれたことで現在の地位になった。珠江デルタの一体感を受け、工業が発達を続けている。

▲左　西江下流のデルタ地帯。　▲右　江門と開平を結ぶバスが発着する

## 西江 西江 xī jiāng シィジャン ［★☆☆］

西江、北江、東江などの支流のなかでも珠江最大の流域面積をもつ西江。雲南省から広西チワン族自治区を通って広東省にいたり、その全長は2129mになる。江門市はじめ珠江デルタ西部の地域は、網の目のように西江の支流が流れ、水害が多い土地として知られてきた。

## 【地図】江門市の [★☆☆]

- ☐ 江門 江门ジャンメン
- ☐ 西江 西江シィジャン

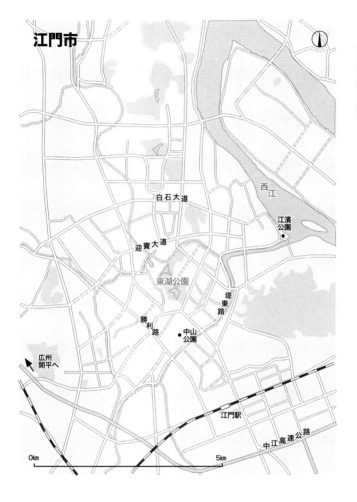

## 【地図】新会区

## 【地図】新会区の [★☆☆]
- ☐ 小鳥天堂 小鸟天堂 シャオニャオティエンタン
- ☐ 梁啓超故居 梁启超故居 リャンチィチャオグゥジュウ

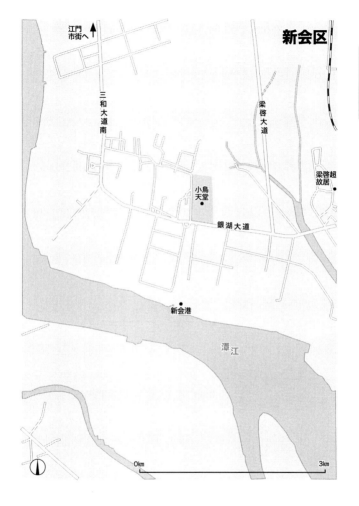

広東省

### 小鳥天堂 小鸟天堂 xiǎo niǎo tiān táng
### シャオニャオティエンタン ［★☆☆］

江門市新会区の南海に注ぐ天馬河のほとりに位置する小鳥天堂。ここにはガジュマルなど亜熱帯の植生を見せ、野鳥が多く生息する美しい景観となっている。小鳥天堂という名前は、この地を訪れた詩人、巴金が『鳥的天堂』という詩を書いたことに由来する。

▲左　漢字は文字そのものに意味がある。　▲右　どこまでも続く田園、しばしば水害にあってきた

## 梁啓超故居 梁启超故居 liáng qǐ chāo gù jū
リャンチィチャオグゥジュウ［★☆☆］

清から中華民国へと大きく時代が変わるなかで、活躍した知識人梁啓超の故居。梁啓超は新会に生まれ、わずか17歳で郷士に合格して頭角を現し、歴史、哲学など幅広い分野で活躍した思想家だった。同郷の康有為とともに戊戌の政変に参加したが、西太后によって失敗し、その後、日本に亡命している。

広東省

## 上川島 上川岛
**shàng chuān dǎo シャンチュアンダオ** [★☆☆]

台山市の先の洋上に浮かぶ上川島。16世紀以来、西欧の中国拠点となったマカオに近く、日本布教を行なったあと、フランシスコ・ザビエルがここで客死したことで知られる（遺体はのちに、マカオ、ゴアへと運ばれた）。フランシスコ・ザビエルを記念した教会が立つ。

# 望楼を生んだ風土

CHINA
広東省

世界遺産の望楼群が残る開平一帯
歴史や環境でも独特の歩みを見せ
この地方ならではの営みが行なわれてきた

## 四邑の伝統的な商い

低地の西江下流域では洪水が多く、村人が工事費用を出しあって、河川沿いに桑園囲と呼ばれる堤防を築いてきた。また稲作収穫量が低く、清代に稲作生産の沙田地域（香山・新会など）と桑魚生産の囲基地域（南海・徳県など）にわけられるという事情があった。そのため、この地の人々は純粋な農家が少なく、男は西江支流で育てた養殖魚を売り、女は養蚕を行なうなど、主食の米を他地域からの供給に頼るという状況だった。また出稼ぎや行商、養豚、幼魚、レストラン、船員などの職業につく人が多いといったことが、のちに多く

▲左　出稼ぎ先と故郷、一族の絆は強い。　▲右　ややななめに傾きながら立つ

の華僑を生む要因となった（移住先でも応用できる職業だった）。

### 宗族と械闘

開平の位置する四邑では、もとから暮らす広東人と遷界令のあとの清朝の政策で移住させられた客家の人々との争いが絶えなかった（中原から南方に移住してきた客家は、現地の人から「客人」と呼ばれ、言語、文化などで広東人とは大きな違いがあった）。くわえて広東省と福建省では、中国のなかでも共通の祖先をもつ宗族の一体感がもっとも強く、械闘（武

## CHINA
広東省

器をもって闘い、死者も出る)と呼ばれる宗族同士の争いも続いていた。こうした事情から四邑の人々は新天地を求めて海を渡り、アメリカに定住したあとも、廟で共通の祖先をまつり、一族の家系図である族譜を編むなどして一族の絆を守ってきた。

**華僑による送金**

祖先と祖先の土地を重んじる中国では、華僑となって海外で成功したあと、故郷に戻り、そこで家を建てるということが重視された。とくに開平の人々が海を渡った19世紀、開平

▲左　鮮やかな立園のステンドグラス。　▲右　堅牢な構えをした望楼、馬降龍にて

での賃金が月3〜5ドルだったのに対して、アメリカでは月30ドルもの賃金をかせぐことができた（1870年代の大陸横断鉄道の工事では、月30〜35ドルの賃金だったという）。こうしたところからアメリカで数年働けば、当時の中国では莫大な財産となる金を手にすることができ、アメリカから中国へ送金したり、帰国者が故郷に錦をかざることで望楼群が生まれるようになった。

## 参考文献

『広東省・開平市 移民文化のシンボル 開平の望楼と村落』(劉世昭 / 人民中国 659)

『広東省・開平市 華僑の歴史ドラマ語る望楼たち』(郭実 / 人民中国 572)

『広州・開平と広東省 中国近代史の足跡をたどる』(荻野純一 / 日経 BP 企画)

『中國古鎭游』(「中國古鎭游」編輯部 / 陝西師範大學出版社)

『華僑 ネットワークする経済民族』(游仲勲 / 講談社)

『華僑』(斯波義信 / 岩波書店)

『西部開拓史』(猿谷要 / 岩波書店)

『世界大百科事典』(平凡社)

# まちごとパブリッシングの旅行ガイド
Machigoto INDIA , Machigoto ASIA , Machigoto CHINA

## 【北インド - まちごとインド】

001 はじめての北インド
002 はじめてのデリー
003 オールド・デリー
004 ニュー・デリー
005 南デリー
012 アーグラ
013 ファテープル・シークリー
014 バラナシ
015 サールナート
022 カージュラホ
032 アムリトサル

## 【西インド - まちごとインド】

001 はじめてのラジャスタン
002 ジャイプル
003 ジョードプル
004 ジャイサルメール
005 ウダイプル
006 アジメール（プシュカル）
007 ビカネール
008 シェカワティ
011 はじめてのマハラシュトラ
012 ムンバイ
013 プネー
014 アウランガバード
015 エローラ
016 アジャンタ
021 はじめてのグジャラート
022 アーメダバード
023 ヴァドダラー（チャンパネール）
024 ブジ（カッチ地方）

## 【東インド - まちごとインド】

002 コルカタ
012 ブッダガヤ

## 【南インド - まちごとインド】

001 はじめてのタミルナードゥ
002 チェンナイ
003 カーンチプラム
004 マハーバリプラム
005 タンジャヴール
006 クンバコナムとカーヴェリー・デルタ
007 ティルチラパッリ
008 マドゥライ
009 ラーメシュワラム
010 カニャークマリ
021 はじめてのケーララ
022 ティルヴァナンタプラム
023 バックウォーター（コッラム〜アラップーザ）
024 コーチ（コーチン）
025 トリシュール

## 【ネパール - まちごとアジア】

001 はじめてのカトマンズ
002 カトマンズ
003 スワヤンブナート

004 パタン
005 バクタプル
006 ポカラ
007 ルンビニ
008 チトワン国立公園

## 【バングラデシュ - まちごとアジア】

001 はじめてのバングラデシュ
002 ダッカ
003 バゲルハット（クルナ）
004 シュンドルボン
005 プティア
006 モハスタン（ボグラ）
007 パハルプール

## 【パキスタン - まちごとアジア】

002 フンザ
003 ギルギット（KKH）
004 ラホール
005 ハラッパ
006 ムルタン

## 【イラン - まちごとアジア】

001 はじめてのイラン
002 テヘラン
003 イスファハン
004 シーラーズ
005 ペルセポリス
006 パサルガダエ（ナグシェ・ロスタム）
007 ヤズド
008 チョガ・ザンビル（アフヴァーズ）
009 タブリーズ
010 アルダビール

## 【北京 - まちごとチャイナ】

001 はじめての北京
002 故宮（天安門広場）
003 胡同と旧皇城
004 天壇と旧崇文区
005 瑠璃廠と旧宣武区
006 王府井と市街東部
007 北京動物園と市街西部
008 頤和園と西山
009 盧溝橋と周口店
010 万里の長城と明十三陵

## 【天津 - まちごとチャイナ】

001 はじめての天津
002 天津市街
003 浜海新区と市街南部
004 薊県と清東陵

## 【上海 - まちごとチャイナ】

001 はじめての上海
002 浦東新区
003 外灘と南京東路
004 淮海路と市街西部
005 虹口と市街北部
006 上海郊外（龍華・七宝・松江・嘉定）
007 水郷地帯（朱家角・周荘・同里・甪直）

## 【河北省 - まちごとチャイナ】

001 はじめての河北省
002 石家荘
003 秦皇島
004 承徳
005 張家口
006 保定
007 邯鄲

## 【江蘇省 - まちごとチャイナ】

001 はじめての江蘇省
002 はじめての蘇州
003 蘇州旧城
004 蘇州郊外と開発区
005 無錫
006 揚州
007 鎮江
008 はじめての南京
009 南京旧城
010 南京紫金山と下関
011 雨花台と南京郊外・開発区
012 徐州

## 【浙江省 - まちごとチャイナ】

001 はじめての浙江省
002 はじめての杭州
003 西湖と山林杭州
004 杭州旧城と開発区
005 紹興
006 はじめての寧波
007 寧波旧城
008 寧波郊外と開発区
009 普陀山
010 天台山
011 温州

## 【福建省 - まちごとチャイナ】

001 はじめての福建省
002 はじめての福州
003 福州旧城
004 福州郊外と開発区
005 武夷山
006 泉州
007 厦門
008 客家土楼

## 【広東省 - まちごとチャイナ】

001 はじめての広東省
002 はじめての広州
003 広州古城
004 天河と広州郊外
005 深圳(深セン)
006 東莞
007 開平(江門)
008 韶関
009 はじめての潮汕
010 潮州
011 汕頭

## 【遼寧省 - まちごとチャイナ】

001 はじめての遼寧省
002 はじめての大連
003 大連市街
004 旅順
005 金州新区

006 はじめての瀋陽
007 瀋陽故宮と旧市街
008 瀋陽駅と市街地
009 北陵と瀋陽郊外
010 撫順

## 【重慶 - まちごとチャイナ】

001 はじめての重慶
002 重慶市街
003 三峡下り（重慶〜宜昌）
004 大足

## 【香港 - まちごとチャイナ】

001 はじめての香港
002 中環と香港島北岸
003 上環と香港島南岸
004 尖沙咀と九龍市街
005 九龍城と九龍郊外
006 新界
007 ランタオ島と島嶼部

## 【マカオ - まちごとチャイナ】

001 はじめてのマカオ
002 セナド広場とマカオ中心部
003 媽閣廟とマカオ半島南部
004 東望洋山とマカオ半島北部
005 新口岸とタイパ・コロアン

## 【Juo-Mujin（電子書籍のみ）】

Juo-Mujin 香港縦横無尽
Juo-Mujin 北京縦横無尽
Juo-Mujin 上海縦横無尽

## 【自力旅游中国 Tabisuru CHINA】

001 バスに揺られて「自力で長城」
002 バスに揺られて「自力で石家荘」
003 バスに揺られて「自力で承徳」
004 船に揺られて「自力で普陀山」
005 バスに揺られて「自力で天台山」
006 バスに揺られて「自力で秦皇島」
007 バスに揺られて「自力で張家口」
008 バスに揺られて「自力で邯鄲」
009 バスに揺られて「自力で保定」
010 バスに揺られて「自力で清東陵」
011 バスに揺られて「自力で潮州」
012 バスに揺られて「自力で汕頭」
013 バスに揺られて「自力で温州」

【車輪はつばさ】
南インドのアイラヴァテシュワラ寺院には建築本体に車輪がついていて寺院に乗った神さまが人びとの想いを運ぶと言います。

・本書はオンデマンド印刷で作成されています。
・本書の内容に関するご意見、お問い合わせは、発行元の
　まちごとパブリッシング info@machigotopub.com までお願いします。

まちごとチャイナ
**広東省007開平（江門）**
〜望楼と「華僑の物語」［モノクロノートブック版］

2017年11月14日　発行

| | |
|---|---|
| 著　者 | 「アジア城市（まち）案内」制作委員会 |
| 発行者 | 赤松　耕次 |
| 発行所 | まちごとパブリッシング株式会社<br>〒181-0013　東京都三鷹市下連雀4-4-36<br>URL http://www.machigotopub.com/ |
| 発売元 | 株式会社デジタルパブリッシングサービス<br>〒162-0812　東京都新宿区西五軒町11-13<br>清水ビル3F |
| 印刷・製本 | 株式会社デジタルパブリッシングサービス<br>URL http://www.d-pub.co.jp/ |

MP121

ISBN978-4-86143-255-2 C0326　　　　Printed in Japan
本書の無断複製複写（コピー）は、著作権法上での例外を除き、禁じられています。